내 사랑 메콩강

시와문화 시집 050

내 사랑 메콩강

정도연 시집

시와문화

■시인의 말

다윗과 솔로몬 부자(父子)는
수많은 사람의 희생과
많은 금은보화를 들여
붙박이 성전을 건축했다.

동시에 그들 마음에
시편이란 성전도 세웠다.

보이는 성전은
세월을 견디지 못했지만
그들 가슴으로 쓴 시편은
시공을 초월해
모든 읽는 사람들의 마음에
거룩한 성전으로
다시 세워지고 있다.

내게 시는
이런 것이다.

2021년 초봄 정도연

|차 례|

■시인의 말

1부 내 사랑 메콩강

내 사랑 메콩강 _ 12
메콩의 기후 _ 16
메콩의 색 _ 17
메콩강 소년 _ 18
어느 아카족 부부의 이야기 _ 20
길 _ 22
얄라쉬 _ 23
메살렁 산장 _ 24
가해자-미얀마 국경의 소수민족 _ 26
국경의 아침 _ 28
빠마이 가는 길 _ 29
사라져 가는 우성인자 _ 30
메싸이 이민국에서 _ 32
가난 증명 _ 33
러이끄라통 _ 34
닭싸움 _ 36
커피 _ 38
청구서 _ 39

2부 스피어민트 껌

치앙마이 _ 42
치앙마이 한글학교 교가 _ 44
우리 _ 45
가족 _ 46
그리움 1 _ 47
그리움 2 _ 48
대상 _ 49
스피어민트 껌 _ 50
말 _ 52
누군가 _ 53
사랑의 개념 _ 54
고향 _ 55
고흥 어머님 _ 56
숨겨진 1인치 _ 58
미용 봉사 _ 60
친구야 _ 62
팁 _ 63
100억 원의 사랑 _ 64
통풍 _ 65
작은 우주 _ 66

3부 구름 나무

나의 난(蘭) _ 68
갈대 _ 69
섬 _ 70
한 박자 _ 72
공포 _ 73
페친 _ 74
안전운전 1 _ 75
안전운전 2 _ 76
품바 김시라 _ 77
축혼가 _ 78
녹차 가꾸는 여인 _ 80
구름 나무 _ 81
12월 _ 82
코스모스 _ 84
사랑 구걸 _ 85
하나 _ 86
참 이웃 _ 87
사랑은 가까이 _ 88
시카고 나그네 _ 89
숲 _ 90

4부 공동체를 세우며

가슴 에이는 밤-빠마이 공동체를 세우며 _ 92
나의 그리움 _ 94
천사들 _ 95
어머니 _ 96
틈새 _ 98
기나긴 여정, 거슬러 가보셨나 봐요 _ 100
빠마이 공동체 _ 102
그때 _ 103
사랑의 설계도 _ 104
몽족의 눈물 _ 106
순교자 _ 108
이 산지를 내게 주소서 _ 110
기도 _ 111
내 사랑하는 부족 형제자매들에게 _ 112
덕구가 왔어요 _ 114
내가 연극을 망쳤어요 _ 115
두 마음 _ 116
무지개 _ 118
나를 위한 사람들 _ 120
선교사 _ 122

보석이 된 소년의 추억 1 _ 123
보석이 된 소년의 추억 2 _ 124
보석이 된 소년의 추억 3 _ 126

■**해설 약자들과 함께 하는 복음과 시/ 주선미** _ 127

1부
내 사랑 메콩강

내 사랑 메콩강

1
맑지 않아도
오염되지 않아
생명을 품고 흐르고

애절한 사랑 담고도
미소 한번 지을 줄 모르지만

변함없는 첫사랑
허물 한번 들춤 없이

날마다
붉게 타오를 뿐입니다

2
그 곁에 누워서도
그리움에 젖어
잠들지 못하던
내 머리맡에
메콩이 놓아둔

장미 한 송이

3
사파이어 빛 하늘에서 별을 따
눈이 시린 하얀 눈 위를 미끄러지듯 굴러
이 땅 입구에 성숙해(星宿海)를 뿌리고
이천여 킬로 굽이굽이 생명을 심고 가꾸다
황혼에야 황금빛 물결로 내 가슴,
황금의 삼각지에 이르렀다

4
내 사랑은 잠시도 지정석을 비운 적 없고
같은 모습으로 나를 맞이한 적 단 한번 없어도
잠시라도 한눈팔면 다시는 만날 수 없는 너,

내 고향 둔주포 저녁노을 같은
너에게는 그게 그대로 있어

늘 만나도 밀린 이야기
너와 나눌 바람으로

오늘도 널 만나러 가는 길이
붉게 물들었다

5
내 사랑 메콩은
그리움이 살아있어

4,350킬로미터를 적시고 흘러
세상 모든 그리움과
바다에서 만난다

흘러가는 그리움은
내 가슴에 살아있어
만나야 할 영혼을 찾는다

6
내게 메콩 넘어도 있을까?

내 눈엔 황금 물이
내 귀엔 호로사의 리듬이

내 코엔 팍취 향이
내 혀끝엔 새콤달콤 매콤이
내 가슴엔 구릿빛 영혼이 흐르는데

*골든 트라이앵글(황금의 삼각지)은 메콩강 4,350km의 중간쯤이다.

메콩의 기후

콧대 높은 처녀
쌀쌀맞게 굴다가도
맘에든 왕자님 만나면
달아오르고

무슨 일로 토라졌는지
앙탈 부리다 제풀에 겨워
한참 눈물 쏟아내고 나면
오색 무지개 피어나

갈라진 할머니 얼굴에
목마름을 채우고
진한 황톳빛 영양 크림 되어
생명을 부르다가

숱한 나그네 맘 붙잡아 두고도
그리운 한 사람 위해
꺾이지 않은 하얀 꽃
흐드러지게 피우다
석양을 태우며 잠든다

메콩의 색

태초에 메콩은
공작의 깃만큼
윤기 나고 고왔다

영토전쟁이 한창이던
서구제국주의 시대에는
어두운 노예 색이었다

그 어둠 걷히자
이념의 핏빛이
티베트부터 베트남 앞
남중국해까지 뻗쳤다

총칼이 떠난 뒤엔
양귀비의 화려함에 취해
문명과 함께 찾아온 황금을 사랑했다

이제 얼굴이 누렇게 뜬 어미가
배만 튀어나온 새끼들에게
빈 젖꼭지 물리고 있다

메콩강 소년

내가
메콩을 이리 사랑하는 이유는
누런 속살을
내게만 부끄러워하지 않기 때문입니다

내 사랑은
미끈하게 다듬어지지 않았어도
고고하고 고독하기에
유리처럼 투명합니다

그 사랑이 외롭지 않은 것은
내 사랑은
내게만 외롭기 때문입니다

오직 하나이지만 우주이고
하나인 우주에
그의 향기는 천년을 피어납니다

내가
메콩을 이리 사랑하는 이유는

그가 나를 기다렸고
나는 그를 찾았기 때문입니다

어느 아카족 부부의 이야기

 그녀는 열여덟에 동갑내기 남자와 결혼했다. 돈 벌러 떠난 자기 여인을 찾아 미얀마 산길로 국경을 넘어온 그 남자는 서글서글한 얼굴에 미소가 환했다. 가진 것은 괭이 하나에 장두칼 한 자루뿐. 그러나 부부는 젊기도, 사랑하기도 해서 희망이 넘쳤다. 하루는 만삭이 된 그의 아내와 사월의 숨 막히는 햇볕 속에서 산비탈을 일구어 볍씨를 파종하던 중 어, 어, 하더니 그대로 쓰러지고 말았다. 그냥 견디기도 어려운 한낮의 햇볕에 빈혈을 감당하지 못해 쓰러져 굴러가다 오른쪽 환도뼈가 부러지는 참상을 당했다. 환자를 싣고 병원으로 갈 차도, 불러올 길도 없는 마을에서 할 수 있는 거라곤 누워 있는 것뿐이었다. 그렇게 한 달여가 지나는 동안 정글용 차가 들어갈 만큼 마을 진입로가 뚫렸다. 길이 뚫렸다는 소식에 그 마을로 전도를 갔다. 그리고 거기에서 그를 처음 만났다. 그의 얼굴은 뼛골이 투명하게 비쳤다. 그는 누운 채로 핏덩이를 안고 있는 아내를 바라보고 있었다. 까만 눈동자를 껌벅이며 입가에는 희미한 미소를 머금고. 상처 부위에 손을 얹고 기도할 요량으로 나는 그를 덮고 있던 너덜너덜해진 담요를 걷어냈다. 오른쪽 허벅지에 구멍이 뚫려있고 그곳에서 피고름이 악취를 풍겼다. 피고름 속에는 벌레들이 꾸물거리고 있었다. 차를 불러 치앙라이 병원으로 옮기고 허벅지를 절단하는 수술을 받았다. 한 달여의 기도와 최신 의학 기술도 보람 없이 그는 두 달 된 딸과 사랑하는 아내를 두고 먼저 하나님 품에 안겼다. 처음 만나던 그날 딸의 이름을 부탁하기에 '로이스'라고 지어주었다. 세월이 참 빠르다. 그때 그 마음의 상처는 얼마큼 희미해진 채로 여전히 내 마음에 갇혀있고 로이스 엄마는 '루웜밋 코끼리 마을'로 내려와 작은 아카족 수공예 가게를 하고 있다. 오늘도 빠마이를 다녀오는데 기다렸다는 듯 가게에서 뛰어나오며 나를 부르더니 "아버지 목사님, 감사합니다" 하며 비닐봉지 하나를 건네준다. 손수 한땀 한땀 수 놓아 만든 아카족 퓨전 정장이다. 정성 가득한 선물 앞에 잠시 감사한 후 딸 로이스 소식을 물었다. 기다렸다는 듯 치앙마이대학 생활이며 친구들 이야기며 이것저것 말해주는 그녀의 표정에 자부심이 넘쳐 흐른다. 연약했던 한 여인을 강한 어머니로 만든 건 바로 사랑하는 딸, 자랑스러운 딸 '로이스'였다.

*로이스 ; 디모데의 외할머니 (딤후 1장 5절), 치앙마이대학: 태국의 5대 대학 중 하나

길

누군가는 밟고
누군가는 밟히며
남긴, 길

향기와 악취
기쁨과 슬픔
영광과 고독
生과 死

그 위에 선명한 생명의 흔적
희망은 밟고 절망은 밟히며

길이 되는 삶
길을 만들어 가는 인생

*샹그릴라에서

얄라쉬

만년설을 이고도
얼지 않는 그리움이 있습니다

설산에 붙은 불
그리움 되어 녹아내려
얄라쉬 아라리 아리랑

노래가 된 만년 그리움
초원을 적시고
호수가 되어 생명을 쌓아갑니다

얄라쉬
티베트 미얀마 계통 언어군에 속한
중국과 동남아 소수민족들의
구전된 노래의 의미를 찾고 있습니다

메살렁 산장

형은 붉은 깃발 아래 먼 행군 떠나고
동생은 국민당 푸른 별 깃발을 따라
굽이굽이 누강변을 지나 란창강을 건너
미얀마 밀림으로 숨었다

굶주림은 지천에 핀 양귀비로 채우고
언어도 통하지 않는
소수부족 소녀들의 품으로 그리움 달랬다

피로 맺은 약속
눈물로 등지고 대만으로 떠난 나라님
끝나지 않은 총성은
두려움조차 생존 본능으로 무장시켰다

후퇴 후퇴를 반복해 태국과 미얀마 국경
방어는 쉽고 점령은 어려운 메쌀렁 언덕에
진지 파고 대나무 막사 지어 어언 70년,

전사들의 신음 여전히 산천을 떠돌고
아들을 부르는 어머니의 한이 서린 언덕에

2월의 벚꽃 흐드러져
소년 소녀병 부모 밑에 자란 소년 소녀들
가슴에 사랑의 총소리 요란하다

가해자
−미얀마 국경의 소수민족

서구 열강이 그려놓은
태국, 라오스, 중국 국경을 맞댄
미얀마 동북부에는 아직 봄이 오지 않았다

영국 식민지와 일제 침략,
중국 국공 대립의 유탄을 고스란히 맞고
그들이 버리고 간 무기로 무장하고
밀림을 성벽 삼아 반세기 훌쩍 넘긴 세월
민족 민주라는 구호와 군사독재 아래
얼어붙은 겨울은 아직 풀리지 않았다

미얀마 개방 소식에 그들에게도 봄이 오는가
기다림도 보람없이 곧이어 덮친 디지털 신무기
부귀영화 레이저 총에
부모들을 빼앗기고 아이들은 노예가 되었다

문명에 버림받은 아이들은
아버지 집과 옹기장이 집에서 산다
맑은 눈동자에 비치는 가해자의 모습에

아이들 청아한 노랫소리 뒤로하고
가해자들이 밝혀 놓은 네온 속으로
나는 부끄러움을 감췄다

국경의 아침

흩어진 언어는
제 짝 찾기를 쉬고
이념과 황금
갈등과 경쟁을 멈추어 선
메싸이 국경의 아침,
이곳에 서면
사람이 보이고
꿈의 한 조각도 만난다

빠마이 가는 길

은빛 갈대는 운무 속에서
이슬을 품고 흐느적이고
이 뱃길 따라가면…
내 사랑 빠마이 공동체와 맺은
영원한 사랑의 언약이
선명히 세월을 지키고 있다
우울할 것 같던 올가을
친절한 페북이
추억의 그 가을로 인도한다

사라져 가는 우성인자

그때는 사람이 밀림의 왕자였다
등에는 바나나 산나물 가득한
자기 몸보다 큰 대나무 바구니 메고
앞에는 젖 빠는 아이 안고도
팬 주름에 흙먼지 가득 미소 담고
집으로 향하는 여인들이 있었다

밀림의 만능 장비 장두칼 허리에 차고
황토 묻은 괭이 어깨에 메고
거품 흘리는 말 고삐
아장아장 따라오는 아이 손목과 함께 잡고
행복을 향해 걷는 아버지가 있었다

길 뚫리고 낡은 4륜 구동차가
시커먼 매연 뿜으며 들어오자
여인네들 솜씨 깃든 전통 복장 벗어 던지고
유행 지난 신식 구제품 보란 듯 차려입고
네온 찾아가는 불나방들의 노래가
산골에 메아리친다

산사람들은 긴 세월 자연을 기둥서방 삼아 살 때도
눈치껏 문명의 문을 열어 살짝 기대기도 했는데
아이들은 자연에 기대어 사는 걸 부끄러워하고
문명을 누릴 만한 노력도 수고도 거부한다
소수민족의 우성인자가 사라지고 있다

메싸이 이민국에서

태국과 국경을 맞댄 미얀마 타칠렉
굴러가는 게 신기하던 중고차가 사라지고
고급 차들이 거리를 달려도

군사정부 시절 칙칙해 보이던 군복에서
하얀색 공무원 제복으로 바꾸어 입었어도

사무실 선풍기는 검은 기름때를 흘리며 느리게 돌고
에어컨은 퀴퀴한 냄새에 후끈한 먼지 바람 날린다

너덜거리는 페인트 덩어리 매달린 천장 아래
화난 손으로 스탬프 찍어주는 사람들

경찰서 세관 학교 교회 공동체들
내가 사는 곳을 청소한다는 것은
희망이 있다는 것

가난 증명

사랑을 핑계로 가난 증명서를 요구한다
사랑을 받기 위해 가난을 증명해야 하는 사람들
받아들이기도 거절하기도 쉽지 않은 유혹이다
소유 증명보다 더 조심스러운
궁핍을 증명하며 사는 일이 익숙해지지 않기를

러이끄라통

우기 끝나는 11월 보름달이 뜨자
불꽃 폭죽 삥강 주변을 밝히며 축제를 알린다
물의 풍요 의지해 살아가는 이 땅의 사람들
삶의 원천이 흐르는 강가에 모여든다

소원 담은 풍등은 하늘의 신에게 올려보내고
불행과 슬픔은 올라가서 다 타버리라고
흔들리며 올라가는 등불을 향해
하늘을 우러르는 등불 같은 아가씨들

바나나 밑동 잘라 잎으로 엮은 작은 꽃배에
형형색색 촛불 밝혀 멀리 가라고
죄도 가난도 다 흘러가라고
물의 정령에 연꽃 닮은 손 모은다

달빛 아래 행진하는 밤의 꽃들
모두의 넋을 빼앗아
물이 베푼 은혜에 감사의 향으로 피우고
새로운 행복과 영원한 사랑을 약속하는 연인들

*러이끄라통은 긴 우기 동안 물이 베푼 은혜에 감사하는 축제로 건기가 시작되는 11월 보름달이 뜨는 날을 기준으로 열린다.

닭싸움

몽족 마을 공터에서
한참 동안 닭싸움을 구경했다

돈 거는 사람 술판 벌이는 사람
응원하는 아이들
지나가던 사람도 쪼그려 앉았다

한 놈이 큰소리를 지르며 돌진하자
한 놈이 기세 좋게 치고 빠진다
목덜미가 꽃처럼 벌어지고
두 놈의 날개가 공중에서 푸르르 운다
마침내 주둥이를 땅에 처박는 놈

'꼭, 나 같네….'
한숨 쉬며 돌아섰다

우리는 진리를 위해 이렇게 싸울까

의미 없는 갈등, 다툼 변명 속에 숨긴 자존심

수탉 같은 놈 만나면
수탉처럼 싸우는 수탉 닮은 세상
닭싸움은 언제나 끝이 나려나

커피

목까지 타들어 가는
건기 끝자락에
마지막 남은
물 한 방울로 꽃을 피우고
밤새 꽃잎에 쌓인
이슬 모아 꿀로 빚어
벌 나비 초청해
첫날밤을 보내니
천둥 번개 동반한 먹구름
하늘의 만나 내려
산허리 휘게 살찌운 새끼들
은빛 갈대 환영 속에
빨강 노랑 다글다글 영근 얼굴들
따가운 햇살에
팔라 마을의 소원이 익어 간다

*팔라는 1,800고지 소수부족 아카족 마을이다.

청구서

돼지 숯불구이 한 조각 20
꼬치 16개 40
매기 구이 하나 50
이름도 사나운
무섭게 생긴 생선 하나 25
밥 20
버섯 20
고추 무름 10
=185밭

가시와 머리만 남은 생선 둘
기다란 대나무 이쑤시개 열여섯 개를 세며
밥을 쌌던 바나나 잎에
또박또박 써 내려간 친환경 청구서

*태국 메짠 아침 재래시장의 식사 청구서, 2016.4월.

2부

스피아민트 껌

치앙마이

안쓰럽다
아무래도 많이 아플 것 같다
구석구석 병균이 활보하는데
통증은 느낄 수 없다

한가로이 어둠이 내리던 골목은
네온사인이 먹고
누군가의 신음은 왁자한 웃음이
밤의 열기 속으로 흩어버린다

황금에 눈먼 미소
그 덫에 걸린 손님들로
란나 왕조의 향기가
변질되고 있다

풀밭에 가려진 경계 모를 길
허수아비도 지쳐 누워버린 논과 밭
교실의 빈 의자,
십자가를 단 영혼 없는 건물들,

최저임금을 훌쩍 넘는 식당,
노동자 반나절 임금 짜리 커피숍,
대졸 월급을 통째 마시는 술집,

그 앞에 서 있는 줄, 줄, 줄…

그리고
하룻밤 욕망에 동원된 영혼들,

치앙마이가 아프다.

치앙마이 한글학교 교가

란나 하늘에 수 놓인 별빛처럼
자유 하나 대의 앞에 순종하고
티벳의 만년설 녹아 동남아 젖줄 되듯
창의적 개성이 공동체를 이루어
하나님의 솜씨를 더욱 아름답고 유익한
인류의 선으로 꽃 피워가는
정직한 사랑의 한민족이
세계를 품고 자라는 치앙마이 한글학교
진리의 등대 자유의 전당
고향의 노래 치앙마이 한글학교

*란나 ; 고대 태국 북부에 있었던 제국.
*동남아 젖줄 되듯 ; 티벳의 만년설이 메콩강의 시원이다.

우리

가야 할
남은 길일까?
되돌아갈 수 없는
지나온 길일까?

함께 가야 할 길
함께 걸어온 길

아직 당신과 내가
길 위에 쌍둥이 그림자
드리우고 있는 것은

생명에서 생명을
향하고 있다는 은혜의 증거다

가족

건너야 할
바다가 아닌
빠져야 할 바다

정복해야 할
산이 아닌
안겨야 할 산

홀로 기다리지 않고
함께 기다리는 곳

아파도
멀리 가지 않고
가까이 사는 것

기억해 주지 않아도
버리지 않는 것

*영화 〈5일의 마중〉을 보고.

그리움 1

더는 한 발짝도
움직일 수 없을 것 같은
피곤함 속에
그리움이 힘이 될 줄
예전엔 미처 몰랐습니다

온통 까만 어둠뿐인
삶 속에
그리움이 희망이 되는 것도
예전엔 미처 몰랐습니다

찢기고 찍힌
상처 속에
그리움이 회복이라는 것도
예전엔 미처 몰랐습니다

이렇듯
슬픔일 것 같던 세상살이에
그리움이 기쁨이라는 것을
이제 알 것 같습니다

그리움 2

밤과 낮의 거리를,
가도 가도 수평선뿐인 바다를 날 힘은
어디에서 오나요

어둡고 긴 슬픔과
지쳐 버린 고독으로부터의 출구는
어디에 있나요

주름살을 따라 깊이 팬
삶의 상처는
어디에서 치료받나요

못다 한 사랑과
섬김의 회한들을 풀어갈 시간은
어디에 남아있나요

날고 싶은 나를 붙들고 있는
이 삶의 연줄들을
무엇으로 끊나요

대상

내 그리움은
사람 같으나
만나보면 사람이 아닙니다

사람에 대해 그리움은
채워지지 않는 욕심이었는데
내가 앓는 그리움은
풍성한 감격에
감사의 노래입니다

내 사모함은
세상에 있는 것 같으나
대하여 보니
이 세상에 존재하는 게 아니었습니다

세상에 대한 사모는
늘 아픔이었는데
내 가슴 저리도록 사모하는 것은
맑다 못해 눈이 부시게 푸른 평화
곱게 곱게 펼쳐진 곳이었습니다

스피어민트 껌

내가 살던 곳은
작은 포구였다
썰물 따라 바다에 나갔던 아랫집 아저씨는
밀물 따라
두 눈 깜박거리는 싱싱한
동갈치와 숭어, 전어 게 등을 한 아름 안고 와
나를 깨우곤 했다

그 포구 위쪽
일제강점기에 만들었다는 다리 옆 현대식 건물 한 동
아버지가 근무하시는 한전 사무실 덕분에
난 어려서부터
친구 집 호롱불을 그리워하는
호강을 누렸다

내가 사는 집은
사무실에서 10분쯤 떨어진
작은 산 밑 탱자나무 울타리에
돌로 다듬어진
계절 따라 꽃피는 꽃밭이 잘 정돈된

마을의 유일한 기와지붕이었다

동이 트는 모습은
한참이 지나야 알 수 있지만
포구 넘어 수평선 저 멀리 떨어지는 해는
늘 마지막까지 우리 집 뜰에 남아있었다

삶에 지쳐 힘들 때
가끔 그분에게 묻고 싶어
마음의 사진첩 뒤져보노라면

노을을 등지고
구불구불 그어진 논둑길
쓰러질 듯 지친 모습으로
걸어오시던 아버지에게 뛰어가 안기면
낮 동안 자란 수염에
여린 피부 따가웠지만
양복 호주머니에서 꺼내 주시던
스피어민트 껌의 향이
입안에 스치듯 고여 온다

말

지금 말하지 않으면
안될 것 같았는데
삼키고 돌아서니 시원합니다

꼭 해야 할 말이라 생각했는데
꾹 깨물었더니 편견이었습니다

중요한 내용이라 여겼는데
하룻밤 자고 나니
내 생각이었습니다

누군가

누군가 그의 꿈 일부를
나에게 맡긴 자가 있다

누군가 그의 한 한 토막을
나의 손에 쥐여준 자가 있다

누군가 그의 땀을 짜
나의 목을 적셔 준 자가 있다

누군가 그의 기쁨에
나를 초대해 준 자가 있다

나는 이렇게
홀로 서 있지 않고
누군가와 함께 서 있다

사랑의 개념

내 안에 흩어진 사랑 모아
그리움의 줄로 이어 보았다

사랑만 사랑인 줄 알았는데
미움도 사랑이라 하고
사랑도 미움이라 하여
한 줄에 매여진다

가난은
슬픈 미소 따라 사랑이라 하고
부함도
나눔의 기쁨 따라 사랑이라 한다

희생도
고난을 업고 사랑이라 하고
기꺼이 상처받음도 사랑이며
상처도 깨달음으로
사랑이라 한다

고향

잊힐 줄 알았는데
세월이 지날수록 더욱 선명해지는 곳
그 바닷가는 언제나 고요하여라

내년엔 사랑하는 사람들과
함께 가고 싶은 소망 하나
갯바위에 새겨두었노라

잔잔한 파도가 자장가를 부르는 곳이면
어디든 가고 싶고
엄마 노래 들으며
하룻밤만 자고 싶었노라

그렇게
내 안에 아직 녹지 않은 것들을
소화하고 싶었노라

고흥 어머님

44년 만인가, 친구 고향 집을 찾았다.

고등학교 시절 지독했던 자취 생활 틈새에 맛본 어머님의 김치 그 맛을 찾아갔다. 팔순 넘어 휜 허리가 만든 김치, 김치, 김치, 간장게장, 생선조림에 찰밥과 장엇국, 끊어진 세월도 이어주는 내 입이 기억하는 맛이다.

군불 사라진 전기장판 위에 식혜 잔 들고 마주 앉아 어머님은 큰아들의 구수한 입 장단에 맞추어 지나온 찰진 이야깃주머니 풀어 놓으셨다.

20대 고도비만 손자놈이, 이러다간 50도 못 넘기고 죽을 것 같아 다이어트를 했다는 이야기에 배꼽을 잡았다. 사업에 어려움 당한 둘째 아들을 위해 위치 좋은 논 팔고 골짜기 논 한 배미만 남겼다는 아쉬움에도 자식 사랑이 가득했다. 개척교회 하는 큰아들을 위해 굴을 따 먼 광주까지 이고 가 시장통에 앉아 파셨다는 말씀에는 차가운 식혜로 따가운 목구멍을 식혔다.

구부러진 다리 한참 걸려 펴시며 연골주사 뼈주사 맞아도 손자 손녀를 위해 사는 기쁨 수줍게 자랑하시는 어머님께, 친구 녀석 명령조로 부탁한다.
"엄마, 내일 아침에는 도연이 좋아하는 팥죽 끓여!"

60대가 된 우리는 평생 동반자 하나씩 데리고 홀로 되신 어머님 품에서 코를 골며 그때 그 시절의 꿈을 꾸었다. 어머님은 부엌에서 군불 때시며 조청, 인절미, 부침개, 식혜 만들고 계시고, 우리는 뜨끈뜨끈한 방바닥에 뒹굴고 있었다. 아직 어둠이 깊고 공기도 찬데 팥죽 끓는 소리와 어머님의 노래가 문틈으로 스며들며 아들놈 코골이와 하모니를 이룬다.

어머님, 그 곱던 얼굴에 거친 세월의 흔적 두껍게 쌓였지만 자녀 사랑은 더 여유롭고 투명하게 영글어 눈웃음 사이 깊게 팬 주름을 따라 흐르는데, 어머님 홀로 사시는 방에 새어드는 웃풍이 유난히 차다.

숨겨진 1인치

한 미용 봉사 팀에서
사랑의 터치가 있었습니다

TV 샴푸 광고의 찰랑거리는 머리를
부러운 듯이 바라보던 사춘기 소녀에게
그 머릿결을 선물했습니다

몇 번인지 셀 수도 없이
찰랑거리는 자신의 머리를 흔들어보는
한 소수부족 소녀의 모습 속에
그리스도의 현현(顯現)이 담겨 있었습니다

그 샴푸로 머리를 감아야만
그런 머릿결을 가질 줄 알았는데,
머리를 자르는 사랑의 기술이 그렇게
부드러움을 만들어 준다는 것을 비로소 알았습니다

소녀의 기쁨이
이토록 큰 것도
이 비밀을 알았기 때문일 것입니다

우울하고 어두웠던 빠마이 아이들이
머리를 자르고 노래하는 모습은
여느 도회지의 귀한 아이들처럼
귀티나고 고왔습니다

숨겨진 1인치를 찾아서 그런가 봅니다

*2004년 1월 사랑의 교회 에스더 미용 봉사를 마치고.

미용 봉사

참 잘 어울리는 머리 모양이었는데
그는 기뻐하지 않았다
긴 벌목도의 날 파랗게 세워 듬성듬성 잘랐던
그 머리에 익숙한 착시현상인지 모른다

밀려든 손님의 머리를
다 손볼 때까지
주변을 맴돌던 여자가 있었다

저건 너무 파격적이야!
어머! 저런 식의 머리는 차라리 하지 않겠어!
저 스타일은 왠지 호감이 가는데!

그러는 사이 우리는
가위에 묻은 머리털을 털고 있었다

정말 저런 스타일로 자를까요?
눈을 동그랗게 뜨며
똑같은 질문을 세 번이나 했다
뭔가 굳은 각오를 했는지

아니면 말할 수 없는 큰 충격에서 벗어나려는지,
그도 아니면 마을 최고의 신세대를 원했는지,
시원하게 커트해버린 후 기념 촬영에 임한 그분은
한 전도인의 부인이었다

산족 소년의 눈에도 못마땅했나 보다
여러 의자를 기웃거리더니
길게 늘어선 줄 맨 끝에 섰다
줄이 너무 길어 다른 의자에 앉혀 주니
자꾸 아니라고 한다
"이곳에서 자르고 싶니?"
말없이 고개만 끄덕이던 그 마지막 손님의 미소에서
만족의 의미를 느낄 수 있었다

*37명 미용 봉사팀 가운데 전문 미용사가 셋뿐이었다.

친구야

힘들어도
포기하지는 말고 살아가세
아직 그대와 나 우리에게는
십자가란
희망이 있지 않은가?

맘 아파도
이 집단을 버리지는 마세
그대와 나 우리는
아직 갈등할 수 있는
힘이 있지 않은가?

팁

"천 원짜리 한 장 있는기요?"
"아니 없는데요~~~"

찐한 경상도 사투리의 할아버지가
태국 지폐 100밧 한 장을 들고
호텔 식당 입구에서
손님을 안내하는 아가씨에게 다가간다

"아가씨, 이것 천 원짜리로 좀 바꿔주이소."

이 아가씨, 한국 사람 좀 안다는 듯
미소지으며 호텔 안내로 가라고 한다
그곳에 천 원짜리가 있을 리 만무다

"팁 안 노면 한국 사람 욕먹는다 아이가…."
"거기 누구 천 원짜리 한 장 없능교?"

이른 아침, 호텔 로비에서 천 원짜리 지폐 한 장을
애타게 구하는 한 할아버지가 있었다

100억 원의 사랑

내가 집을 떠났다 돌아올 때면
오래된 물건들
손에 들고 오는 것을 보았던 막내아들이
어디서 구했는지
아주 옛날 백 원짜리 지폐 한 장을
봉투에 넣어 생일 축하한다며 주었다
"저는 아빠께 추억을 담은 선물입니다."
그걸 보신 지인이
"100억 원이군요."
"역시… 정도를 벗어난 사랑입니다." 하신다
문득, 어느 날 진짜 백억 원이 되는 상상을 하며
조심스레 캐비닛에 넣고 몇 번이나 확인해본다

통풍

발가락이 하루 붓지 않고
잠시 통증이 가라앉아
가지가 흔들리지 않으면
나는 바람의 존재를 잊고
다시 과거를 찾는다

일의 성취감
먹는 즐거움
생각하는 기쁨

육체와 마음은 억압하고
약의 효과는 잊어버리고
해야 할 일은
잠자리에서까지 놓지 못한다

내성처럼
약도
버려야 할 쾌락도
포기해야 할 영광도 커져만 간다

작은 우주

봉사단에 처음 출근하던 날
보라색 머리끈에
분홍색 리본을 단
난 화분을 선물 받았다

윤기 흐르는
녹색 잎 양 가장자리에
자연과 문명의 경계처럼
노란 줄이 선명하다

어느 날
하얀 속살 부끄럼 없이 드러내더니
끝내 한 아름 원초적 향내를 터뜨렸다

진보라 점박이 여섯 꽃잎 안에
작은 우주가 숨 쉬고 있다

3부

구름 나무

나의 난(蘭)

난은
잎이 시들지 않고도
자연보다 더 자연스런
수줍은 꽃잎으로 미소하고
맑지 않으면 느낄 수 없는
은은한 향을 피운다는데

나의 난은
잎이 시들어가며
꽃잎은 더 선명해지고
줄기는 말라가는데
더욱 진한 향으로,
그렇게 살라 합니다

갈대

이들은
나도 모르게
내 마음이 향하는
그곳을 알고 있다

설렘과 기다림
떨고 있는 두려움도
버리고 싶다면서
붙들고 있는 비밀까지

섬

파도가 뭍에서 떼어냈는지 육지가 따돌린 것인지
섬은 홀로 휘몰아쳐 오는 파도 가운데 서 있다

폭풍을 맨몸으로 맞으며 철새들의 쉼터
물고기들의 놀이터 배들의 좌표 어부들의 어장이다

메싸이 다리 건너 아버지집, 옹기장이집, 천사의집
휘황한 문명의 파도에 갇혀 섬이 된
소수민족 아이들

영문 모른 채 민족 자치 구호에 이끌려
마약 재배와 전쟁 용사로 살아온 어둠의 자식들
겨우 문 열리자 그들 앞을 문명의 파도가 덮치고 있다

그들의 시계는 1950년에 갇혀있는데
그들을 에워싼 파도는 2018년에서도 최첨단이다
섬에 갇힌 그들에게 할 수 있는 일은
생명을 부지할 보급품 정도

그러나 그 섬에는 희망이 있다
자연과 문명의 최후 방어선으로
문명의 가시에 찔려 돌아오는 새들의 안식처로
주님의 진노를 가로막고 선,
의인 열 명이 남겨진 섬이기 때문이다

한 박자

한 박자
분노를 쉬면
평화가 되고

슬픔을
한 박자 더디 토하면
아름다움이 되며

시기를
한 박자 참으면
사랑이 싹트고

사랑을
한 박자 늘리면
향기가 되건만

그 한 박자
쉬지 못해
후회를 남겼다

공포

좀더 빠르게 좀더 신속하게,
외치는 오늘이지만
지금 내게 그것만큼
부담스러운 것은 없습니다

모든 것이 갖추어진 곳에서
빠르게, 신속하게는 효율이지만
준비되지 않은 곳에서 빠르게는
입술 타는 두려움입니다

갖추지 못한 자의
빠르게 신속하게에
발맞추기 위한 노력은
부담감을 넘어
공포가 느껴집니다

*빠르게 진행되는 건축을 보며 건축비 걱정에.

페친

여러분이 주고받는 대화를 보노라니
한 편의 연극을 보는 느낌입니다
태국과 한국의 거리만큼
23년의 세월만큼
4월에 내리는 눈과
섭씨 40도의 온도 차만큼,
아늑하지만 기억 저편에
되살아나는 나를 만나는
기쁨이 있습니다

안전운전 1

고속도로에
시를 흘렸다
가로수에 매달고
휴게소에 남기고
안개 낀 들녘에 뿌리고
산길에 날리고

터널에선 그만
손을 놓고 말았다

목적지에 도착해
차를 세우고 보니
바구니가 텅 비었다

흘린 시들이
옥토에 떨어지길 기도한다

안전운전 2

비는 차창을 두들기고
와이퍼는 시어를 밀어낸다
잿빛 포도가 눈물에 젖었다
친구 녀석 전화가 왔다.
'졸리거든 휴게소에 들려
커피 한 잔 마시며 시 한 편 쓰고 가소'

다 버리고 왔는데…

누군가의 가슴에선
시내를 이루고
누군가의 마음에선
강물을 이루겠지

품바 김시라

그가 그리워
홍대 근처에서 대학로까지 갔다
어느 날 그가
고향으로 돌아갔다는 소식을 듣고
좀 더 그를 봐 두지 못한 것을 후회했다
품바가 되고 싶었다
나는 그가 되지 못했다
어제는
그가 그리워 찾았는데
희미한 그림자만 있었다
그림자놀이라도 좋은데,
곧 날이 어두워질 것 같다

축혼가

시작이라네
행복의 출발
창조주의 축복을 담은
가정을 꾸미는 날

곱게 곱게 단장한
천사의 날개보다
더 아름다운
면사포를 쓴
나의 신부를
세상에 소개하는 날

아무리 기대어도
지칠 줄 모를 것 같은
나의 백마 탄 기사가
승리의 찬가를 받으며
내 삶의 왕으로 등극하는 날

둘만의 창조 세계를 만드는
이 거룩한 첫날,

슬픔은 하객이 되지 못하는
기쁨만의 잔치라네

*애실이 결혼을 축하하며.

녹차 가꾸는 여인

아름다운 당신
주어진 시간
수고하신 당신은
예쁜 꽃마차 두고
손수 가꾼
그 길을 걸어
집으로 가셨습니다
당신이
평화입니다

구름 나무

메짠 앞동산에
구름 나무는 잎이 없다

새털처럼 날아와
뭉게뭉게 피어나
구름 꽃 되어
가지에 사뿐히 앉으면
하늘 바라보다
갈라진 농부 얼굴에
단비로 흘러간다

구름 나무는
농부의 땀방울에
단풍을 그렸다

12월

12월은 지워지는 시간이다

나뒹구는 낙엽 속에 내 이름이 있다
행인들의 발길에 짓밟히다
인적 드문 새벽
황색 청소차에 실려
화염 속으로 가야 한다

연인들의 환호 속에
날리는 눈발에 파묻혀
남은 눈물마저 꽁꽁 얼어버리면
봄도 잊어야 한다

12월은 지워야 할 시간이다

사춘기 여드름 속에 튀어나온 이후
화석이 된 첫사랑부터
몇 년을 삼키지 못한 채
머금고만 있었던 그리움
지워도 지워도 지워지지 않는 분노

잠시 들려준 달콤한 속삭임도 지워야 한다

지우개를 들었지만
망설여지는 이름에는
희망이란 노란 리본을 달고
지우개가 다 닳도록
지워도 지워지지 않는 이름에는
은혜라 부르는 빨간 리본을 달아본다

코스모스

콧대는 왜 그리 세우는지
턱은 왜 그리 꼿꼿하게 치켜드는지

가냘픈 허리 동여매어도
가을이면 모두 높아지고 싶나 보다

사랑 구걸

찾아온 손님 잘 대해 드렸더니
어떤 관계냐,
우리가 도와주는 사람이냐고 묻는다

대가나 바람, 기대 없이 섬겼더니
무슨 꿍꿍이속 있지 않으냐 한다

바쁜 일정이 있어 찾아가지 못했는데
괘씸한 놈이라 한다

예를 예라 하고 아니오를 아니라 했더니
가까이해선 안 되겠다 한다

달콤한 사탕발림 안 했더니
배부른가 보다 한다

사랑도 가진 자의 전유물이 되니
선한 일이 구걸 행위가 되었다

하나

많은 것이 좋은 세상
큰 것이 가치인 세상에
오직 하나이어야만
만족하는 것이 있습니다

많은 사람에게 주는 기쁨
많은 무리에 주는 노래보다
오직 한 분에게만 드리는
환희의 노래가 있습니다

내게 소중한 것은
그 하나에 있습니다

참이웃

모든 상처는
가까이 있어서 생긴다

멀리서 날아온
상처는 없다

가까운 사람에게 적용되는
성품은 온유다

온유는
신뢰와 사랑으로
인내하는 것이다

사랑은 가까이

태초부터 완전한 그분의 사랑은
시공을 초월하여도
인간의 사랑은
늘 내 가까이에 있습니다

사랑해야 할 대상도
사랑해줄 사람도
내 감정의 영역 안에 있습니다

염려와 근심 안에 있고
슬픔과 고통 안에 있으며
시기와 질투와 분노와
안타까움에 있고
내 그리움과 기쁨 속에 있습니다

갈등을 넘어 성숙해가는 감정을
함께 공유하는 사랑
바로 우리의 사랑입니다

시카고 나그네

시월의 마지막 날
시카고에 도착하던 때
하얀 눈이 내리고 있었다

푸른 잔디도 자작나무 숲도
온통 순백의 드레스에 푹 쌓여 있었다

제시간을 찾은 다음 날
물들지 않은 낙엽 한 잎
바람 따라 도로 위를 굴러왔다

가을 잔치 차리기도 전
오색 옷 갈아입기 전
이른 눈에 타버린 낙엽 한 잎
나그네 발밑에서 떠돌고 있다

숲

투명하게
상호 의존적인
자연의 숲이든

이기적으로 갇힌
문명의 숲이든

숲은
생명의 공동체다

생명은
홀로 있지 않다

4부

공동체를 세우며

가슴 에이는 밤
-빠마이 공동체를 세우며

어느 산 중턱 이름 없는 사람들이
나그네처럼
구름처럼 잠들어 있는 밤
산중의 어둠은 더욱 어두운데
피곤으로 지친 신음 내 심장에 박혀오네

헐벗고 굶주린 몸에 고된 괭이질
따가운 낮의 햇살 이기지 못해
몸속을 흐르는 열기
이 밤을 더욱 아프게 하네

대나무 베어낸 자리 괭이로 찍어
대나무 기둥 세우고 대나무 들보 얹어,
대나무 못 박고, 우리 아이들 살 집이라
대나무 자리 결 곱게 다듬어
대나무 줄로 엮었네

땀으로 이어진 낮과
축축하게 올라오는 밤이슬 3개월

맨땅 위에 마른풀
그 위에 침낭 하나 깔고
그윽하게 풍기는 풀 냄새에 취하여
오늘 밤도 별들에 물어본다

2,000밧만 들이면 이런 아픔 덜할까?

내 마음 약하여져 쓰러지려는 걸
끙끙 일으켜 세우며
더더욱 잠 못 이룰 때
풀벌레 물소리에 실려 주시는 그의 음성
'그들이 땀 흘릴 때 나 함께 피 흘렸고
그들이 배고플 때 나도 굶주렸노라.'

*1992년 1월 26일, 처음부터 외부의 도움 없이 세우고 운영하는 것을 목표로 빠마이 공동체는 시작됐다.

나의 그리움

나의 그리움은
연인들의 불타는 사랑도
애끓는 혈육의 정도
아련한 추억에 대한 것도 아닌
세상에 대한 눈물이고
사람에 대해 안타까움이며
맑고 투명한 자연에 대한 동경이고
악에 대한 분노이며
선에 대해 기쁨이고
분노를 일으키는 상처에 대해 잊음이며
내가 행복해지는 길로
마른 뼈가 생기를 얻는 능력입니다

천사들

'거친 파도 날 향해 와도 주와 함께 날아오르리'
천사들의 찬양을 들을 때마다 안아줘야지 하는데
아이들 심장이 내 심장에 닿으면
내 마음 둑이 터져버릴 것 같아 꾹 참았는데

오늘도 그냥 오면 후회 하나 추가할 것 같아
한 명 한 명 안아주기로 했다
내 모습 잠시 관망하던 아이들
갑자기 굶주린 사자처럼 무리 지어 가슴을 파고든다
아이들도 그리웠던 게다

'나는 너를 사랑해' 아이들 귀에 속삭였다
내 허리를 감싼 아이들
팔에 힘이 느껴지고 야윈 몸들이 부르르 떨린다
오늘 천사의 집에는 희망이 반짝인다
아이들은 알까?
자기들을 만나고 희망을 회복하는 사람이 있다는 것을

어머니

새벽 "애통해하는 자는 복이 있나니
그들이 위로를 받을 것임이요"
이 말씀을 나누는데 당신의 모습이 떠올라
목이 멜 뻔했습니다
어머니의 '애통'은
내 가슴에 새겨진 거룩한 트라우마입니다
강대상 앞, 설교자의 침이 튀기는 그 자리가
날마다 당신이 애통해하는 지정석이었지요

9남매를 홀로 거두어야 했던
한 여인의 설움에 대한 위로가
'애통'에 있었다는 것을
인제야 깨달아가며 때늦은 후회를 앓습니다
당신의 애통함이 우리 9남매의 오늘을 있게 했고,
막내인 내게도 주의 일에 참여하는
영광을 얻게 해주셨지요

살아생전 이곳으로 한 번 모실 수 있었는데,
어머니, 제가 너무 어리석었습니다
흔들릴 때마다 당신이 사무치게 그리워지지만,

당신이 누워계신 무덤마저 멀리 있습니다
죽어서라도 당신 곁에 머물러 애통하며 사셨던
당신의 마음 어루만져드리고 싶습니다

틈새

문명의 옷은
얇을수록
아름다움이 더하나 보다
자연에도 인간에게도

땅끝 빠마이가 입은
문명의 옷은
속이 훤히 비치지만
추하지 않은 것은
태고의 이브이기 때문이다

그 속에 삶의 터를 내린 이들
검붉게 그을려 투박한 피부 속
고이 배어 있는 미소가
평화로운 것도
벌거벗었으나 부끄러움을 모르기 때문이다

영 어울리지 않을 것 같던
자연과 문명의 만남이
이렇듯

아름답게 하모니를 이룬 것은
빈틈을 채워준 그분이 있어서다

*필그림 앙상블과 빠마이 땅끝 음악회를 마치고.

기나긴 여정, 거슬러 가 보셨나 봐요

지그시 감은 눈 미동도 없이
마지막 박자를 향해 희미해져 가는
심장 박동에 맞추어
빠깔레, 후에이린, 께루앙, 아꺼,
후에이야노, 와방을 거쳐
메싸이 국경 다리를 숨죽이며 넘어
타칠랙을 지나 치앙뚱까지
심방 다녀오셨지요

때론 말을 타기도 하고
재수 좋은 날은 마약 운송 차량도 얻어 타고
한창 생존을 위해 힘을 규합해 가던
국민당 잔류 병력의 도움도 받으셨지만

복음을 들고 가던 대부분은 두 발로
쉬지 않고 걸으셨지요

지친 몸 잠시 쉬게 되면 해가 지고
어둠이 깔리면 산짐승이 위험해서보다
주님의 때가 지나갈 것이 더 두려워

그렇게 쉬지 않고 걷고 또 걸으셨지요

오늘, 11시 28분 32초, 늦은 시간까지,

그날 후에이린 성탄 예배를 마치고
꼭강을 건너오던 시간보다 늦으셨네요

오셨던 그 길 다시 돌아가며
만났던 영혼들 위로하시고
영광의 주님 보좌 바라보시며
그 구원의 날
그 나라에서 다시 만나자고 인사 다니시느라
그렇게 미동도 없이 미소만 지으시며
사흘을 머무셨지요

*나이빽 목사님은 라후씨(yellow Lahu) 부족으로 1928년 10월 20일 미얀마 샨주 치앙뚱에서 출생, 2012년 10월 31일 빠마이 공동체에서 호흡을 멈추셨다. 어려서 미국 선교사에게 복음을 듣고 평생을 자기 부족인 라후족 전도를 위해 사셨다. 어린 나를 섬겨주셨고, 빠마이 공동체를 세우는 데 큰 수고를 하셨다.

빠마이 공동체

멀리 있어도 새근거림이 들리고
자주 만나지 않아도 어색함이 없는
퇴색되지 않는 그리움
내 사랑

잘남이 자랑이 되지 않고
못남도 부끄럽지 않으며
날뛰던 문명 잠잠히 숨을 고르는
평화의 동산

벗겨지지 않던 짐 벗겨지고
펴지지 않던 허리 펴지며
숨 들이켜 지고 내쉬어지는
구름도 쉬어가는 정거장

생명에서 생명으로 이어가는 생명의 역사
누군가는 땀을 누군가는 기도를 누군가는 삶을
누군가는 생명을 드려
생명이 잉태되고 자라는 자궁이다

그때

그때 오시지 그러셨습니까
그 밤 깊고 진실한 회개로 마음이
달처럼 어둠을 비칠 것 같던
그때 오시지 그러셨습니까

그때 오시지 그러셨습니까
그날 가슴 때리듯 온유함 깨달아져
원수의 모습이 기억도 나지 않던
그때 오시지 그러셨습니까

그때 오시지 그러셨습니까
어둠 비추던 십자가 그 사랑에
내 몸 불사르게 내어주고 싶던
그때 오시지 그러셨습니까

그때 오시지 그러셨습니까
당신의 영으로 충만해
당신 없이 하루도 살 수 없노라 고백하던
그때 오시지 그러셨습니까

사랑의 설계도

전공자가 아닌 나는
설계도만으론
너의 전부를 볼 수 없었어

기초 기둥이 올라가는 동안에도
많은 비가 내려
네가 펼쳐가는 그림을
이해하기 힘들었지

한 달여 후
1층 바닥 위에 올려진 2층을
받쳐줄 기둥 사이로 드러낸
네 모습에
난 그만 놀라고 말았어

마치
내 안에 흩어진
사랑 설계도가
재구성되고
기초를 놓고 기둥을 세워

시집을 엮어가는 것 같았지

*음악학교 건축현장에서 10월 6일.

몽족의 눈물

아직 약속의 땅을 정복하지 못했을까?
점령했으나 지키지 못했을까?
아니면 처음부터 분배받지 못했을까?
저들은 유다 지파에 의지한다

바벨 이후 중국 라오스 베트남 미얀마 태국
여러 공동체의 흔적을 이어 오다가
행여 강한 미국 편에 서면
꿈꾸던 왕국 세울 수 있을까,
피 뿌리며 정글을 누볐건만 이역만리 생이별이었다

미국, 캐나다, 호주, 프랑스
서방 곳곳에 뿔뿔이 흩어져
분배받을 기업을 찾아 헤맸지만
어디에도 저들의 가나안은 없었나 보다

언제가 왕이 너희를 찾아올 거라는
 가물거리는 전설이 꿈을 꾸게 했을까
흩어진 언어들을 안고 치앙마이에 모여
왕을 부르고 가르치고 찾는다

"우리의 왕국은 저 하늘에 있습니다
우리의 왕은 예수 그리스도입니다."
외치는 합창은 비가 되어
메콩의 깊은 정글에 다시 뿌려져
산화되지 못한 전우들의 피를 따라 메콩에서 만났다

*세계 몽족 예수 축제를 보며.

순교자

2001년 8월 9일
그는 이제 막 꽃봉오리 피우려는 스무 살이었다
37명의 봉사단원과 함께 빠마이 공동체
남자 숙소에서 교회 앞까지 가는
비탈진 황톳길을 시멘트로 포장하는 일에
그의 남은 호흡을 쏟으러 왔다

그날 밤, 별들이 쏟아질 듯 명멸하는 산 중에서
친구들과 밤늦도록 이런저런 이야기하다
새벽에야 겨우 잠든 그에게
주의 천사가 마중 나왔던 모양이다
두 손과 발을 저으며
'좀 더 있다 갈게요.' 라며 떼를 썼다는데
주님은 그를 영접하려고 기다리고 계셨나 보다

모두 지쳐 깨어나지 못한 새벽을 홀로 깨우고
'참 아름다워라 주님의 세계는' 찬양을 올려드리고
시편 8편으로 그의 사랑을 고백했다

오전 10시, 작업을 마치고 기념 바비큐 잔치 준비로

들뜬 무리 중에서 조용히 나와
모아놓은 자갈 속에서 모래를 고르다가
고운 미장용 모래 한 줌
손에 꼭 쥔 채 주님 품에 안겼다

'히스기야는 15년이었는데
우리 상렬이는 20년을 연장해 주셨어' 라며
오히려 나를 위로하는 그의 부모님의 말씀은
두려움과 절망으로 떨고 있던 내게
부활을 체험하게 했다

해마다 이날이 오면 나는 그 순교자 앞에서
내 영혼의 옷깃을 다시 여미며
내 남은 광야 길의 느슨해진 신들메를 고쳐 맨다

*땅끝에서 땀 흘리며 씨 뿌리다 젖은 땀 그대로 주님 품에 안긴 순교자의 마지막 순간에 함께 하는 은혜를 입었다.

이 산지를 내게 주소서

내가 아직 살아있는 이유는
처음 밟고 바라본 약속의 땅이 있기 때문이다
열둘 중 열 명은 백성의 간담 녹게 하는 것만 보았으나
말씀 따라간 둘은 약속의 땅을 보았다

40년 광야와 7년 가나안 정복 전쟁의 목표에
여전히 거들먹이며 남아있는 거인들의 나라
크고 견고한 성읍에 흐르는
젖과 꿀을 보았던 자가 있다

형제가 받은 기업을 부러워하기보다
주께서 말씀하신 땅,
약속의 자녀에게 주신 그 산지를 바라보며
자신이 살아있는 이유를 깨닫는 자가 있다

나를 통해 그 땅, '헤브론'이 정복되어
그 땅에 전쟁이 그쳐야 하기 때문이다

*수 14:6-15를 묵상하며.

기도

희망과 절망이란
양면 날카로운 칼날 위에서
내 무게 중심을 어디에 둘까

본능적으로
절망 쪽에 기울어진 죄인이라
희망 쪽으로 선택은
강한 의지가 필요하다

기도가
그와 나를 지켜주는
오직 하나의 의지다

내 사랑하는 부족 형제자매들에게

처음, 나는 정신지체인으로 여러분 앞에 섰습니다
겉보기에는 모든 것이 정상이었지만.
여러분과 함께할 능력이 부족한 사람이었습니다

여러분과 소통하는 언어는 부족했으나
하고 싶은 것에 대한 열정은 동물적 본능이었고
문화와 전통을 존중한다면서
환경과 역사를 고려하지 않은
일방적인 열정이었습니다

그런 내가 23년째 여러분 곁에 살고 있습니다
한국 속담에 '긴 병에 효자 없다'라는 말이 있지요
내가 인내 한 줄로 알았는데
누군가 나를 참고 인내해준 자가 있었습니다
내가 이 땅에서 정상인으로 살아갈 모습을
간절히 기다리며 돌봐준 사람이 있었습니다

여러분이 나를 버리고 포기했다면
오늘의 나는 없었을 것입니다

여러분의 지극한 사랑으로 건강을 회복하고 보니
여러분에게 진정 필요한 것이 무엇인지
조금은 알 것 같습니다

이젠 내가 여러분의
깊은 아픔을 보듬어 안겠습니다

감사합니다
사랑합니다

덕구가 왔어요

덕구가 왔어요
바보 덕구가 왔어요
빈방 따끈하게 데워놓고
주인에게 드리려고 왔어요

덕구가 왔어요
바보 덕구가 왔어요
"빈방이 없는 거죠, 선생님?"
연극이 아닌 진실을 가지고 왔어요

덕구가 왔어요
바보 덕구가 왔어요
주연자 되어 성공하려 다투는 세상에
연극 망치러 왔어요

덕구가 왔어요
바보 덕구가 왔어요
빈방 없다 가르치는 세상에
빈방 있다 소리치러 왔어요

내가 연극을 망쳤어요

빈방 있습니까?
만삭, 정혼한 아내 데리고
먼 길 오느라 지친 몸,
빌·방·한·칸
절박하게 찾는 사람이 있습니다

모두 빈방 없다,
차가운 한마디 내뱉고 돌아서는데

우리의 친구
바보 덕구,

우리 집에 빈방 있다고,
어떻게 거짓말을 하느냐고,
당신이 우리 집에 오시는 것이
얼마나 좋으냐고
울부짖다 잠이 들었습니다

*태국에서 연극을 준비해 한국 전국 어린이 연극제에 〈빈방 있습니까?〉로 참여해 특별상을 받았다.

두 마음

잠시 1년, 아니면 한 학기 동안만이라도
두 놈을 한방에서 살 수 있도록 해주고 싶었다

나와 아내가 한국을 방문할 때는
하룻밤일지라도 이놈들과 칼잠이라도 자고
밥에 김치뿐 일지라도
한 상에 둘러앉은 공간을 위해
10년이 지난 속옷 차마 버리지 못하고 다시 챙기며
심야버스 사우나로 숙박비 절약한 돈
선교사가 믿음 없다 할까 봐 눈치 보며 저축했다

그래도 빚은 없으니 은행에서 조금 융자를 받으면
산동네일지라도 맘 편하게 드나들 수 있는
보금자리 하나 마련해줄 수 있으리란 기대로
5월을 기다렸다

그러나 3월이 가기도 전,
나는, 애타게 기다리면서도
차마 기다리고 있다는 말도 하지 못한 채
23년이 지난 낡은 차에 생명을 담보로 매일

학교를 오가는 메짠 공동체
아이들의 눈과 마주하고 말았다

세 아들을 위해 숨겨 준비했던 것이
60명의 아이가 공유하게 되었으니
오히려 더 감사하고 편안하다

그래도 미안한 맘 다스려지지 않아
선교사 생활비라 지목되지 않은 선교비에서
두 아들 이번 학기 용돈을 떼 보냈다

무지개

40 주야를 내린 비
온 세상 휩쓸어
땅이 마르고 새싹이 돋기까지 365일

살아남은 자
두려워 떨 때
전사의 활 그 구름 위에 피어오르며
들려주신 그분의 말씀
가라, 내가 네게 보여줄 땅으로

모두 다 보았지만
심판의 구름을 보는 자가 있고
약속의 무지개를 보는 자가 있네

모두 다 들었지만
천둥 소리를 들은 자가 있고
사랑과 구원의 음성을 듣는 자가 있네

하나님은 택하신다네
구름을 보고 천둥 소리를 듣는 자가 아닌

사랑의 무지개로 보고
희망의 소리를 듣는 자를

절망과 희망의 방향은 같다네
그곳엔 구름도 있고 무지개도 있다네

*히브리말로 무지개는 전사의 활.

나를 위한 사람들

나는
먹고 마시고 자고 깨는 것은 물론
생각하고 움직이고 일하는 것까지,
어느 것 하나 게으른 티가 없는 게 없다

가끔 부지런 떨며
배포 있게 한번 쓴다는 것도
가만히 보면
게으름의 한 모습이었다

게으름에 취해 뭉그적거림을 피곤해서라 여기고
운동 부족으로 떨어진 식욕을
얼마나 힘들었으면, 하며
새벽을 깨우는 사람으로부터 시작해

나를 바라보는 자녀들의 눈빛
복잡한 질문을 해오는 아이들
어김없이 제 자리를 지키고 앉아있는 성도들
훌륭하다고 칭찬해주는 무서운 사람들
말도 안 되는 궤변으로 혈압 오르게 하는 무리

동정을 기다리는 초점 없는 눈들

아무리 둘러봐도 끝이 보이지 않는데
그때도 포기하지 않고 내 곁에 있는
소수민족 형제자매들

나를
게으르고 인색한 자로
놓아두지 않은 자들이다

선교사

쓰레기에는
재활용이 가능한 유기질 쓰레기와
재활용은커녕 독극물을 담고 있는
산업폐기물이 있습니다

다른 문명의 첨가물 없이도
복음이라는 양식에
겸손이라는 그릇 하나면
그 땅을 기름지게 하는
유기질 비료 될 수 있습니다

좋다는 온갖 문명으로 기름칠했어도
순수 복음이 없으면
독을 뿜어내는 산업폐기물 되어
그 땅을 오염시킬 뿐입니다

나는 그동안 비료가 되었는지 독이 되었는지
내가 가꿔왔던 땅을 살펴봐야겠습니다

보석이 된 소년의 추억 1

 꽁꽁 잠가둔 문 하나 어느 틈에 열려 버렸다 그 사이로 한 소년의 이야기가 들려온다 소년의 집은 산기슭에 나무로 둘러있어서 소년의 붉게 물든 가슴을 숨기기에 적당한 곳이었다 소년은 터질 듯 두근거리는 심장의 박동 소리가 행여 집으로 돌아가는 그녀에게 들리지나 않을까 불안해하며 그 친구가 작은 점이 되어 마을 어귀를 벗어날 때까지 숨죽여 바라보다 제 발 저린 도둑처럼 방으로 뛰어 들어가 가슴을 움켜쥐던 봄날이 있었다 변하지 않은 것은 보석이 된다더니 그 소년의 추억이 보석이 되었나 보다

보석이 된 소년의 추억 2

    소년은 혼자서 산길 걷는 것을 좋아해 뒷산을 타고 이웃 마을까지 갔다 오곤 했다 어느 여름날 방위를 받던 형과 산이 부르는 소리를 따라 걸었다 익숙한 길이 끝나고 꽤 깊은 산으로 접어들 때까지

    얼마쯤인지 모르는 곳에서 큰 저수지를 만났다 에메랄드빛 맑은 물속에 병풍처럼 둘러선 산이 작은 출렁임도 없이 서 있는 모습을 소년은 한동안 넋 나간 듯 바라보았다
    그 순간 꿈을 꾸었던 걸까? 소년의 가슴에 갑자기 파도가 일고 현기증으로 어지러웠다 그 친구가 언니와 함께 저수지 둑을 걷고 있었다

    기억이 없다 인사를 주고받았는지, 어떻게 집으로 되돌아 왔는지… 분명한 것은 그 저수지 가까이에 그 애 집이 있고 그 친구에게 언니가 있다는 사실이다

    세월이 흘렀어도 그 저수지 앞을 지나면 소년은 세월의 흔적을 지워버리고 홍조를 띠운다

세월과 세월 속에 쌓인 모든 굴레를 벗어버릴 수 있
는 편안한 사람이 있어서 잔잔한 행복이 있다

보석이 된 소년의 추억 3

　소년도 그 친구도 고등학생이 되어 도회지에서 살게 되었다 그 친구는 짙은 밤색 계통의 교복을 차려입었던 것 같다 그래서인지 소년의 눈에 그 교복은 언제나 그 친구의 모습으로 다가와 가슴 두근거리게 했다 한번은 한 친구가 어떤 동내에서 그 친구를 보았다고 해서 처음으로 학교와 자취방, 교회를 오가던 길을 벗어나 낯선 지원동엘 갔다 그 친구를 보았다는 골목길에서 반나절을 서성거리다 다시 돌아오는 길에 "물망초 꿈꾸는 강가를 돌아 달빛 먼 길 님이 오시는가"를 불렀는데, 누군가에게 이 마음 들키지 않았나, 얼굴 붉혔던 추억이 보석이 되었다

■해설

약자들과 함께 하는 복음과 시

주 선 미
(시인·문학평론가)

 전체 인구의 95퍼센트 이상이 불교도인 태국에서 하나님의 사랑을 몸소 실천하고 있는 선교사 시인이 있다. 그는 미얀마와 태국의 국경, 한때는 검은 자본이 지하시장을 장악했던 골든 트라이앵글로 불리던 곳, 은둔한 소수민족이 개방된 세계의 여러 민족과 만나는 곳에서 황톳빛으로 빠르게 흘러가는 메콩강물을 사이에 두고 빠마이라고 불리는 공동체와 더불어 살고 있다. 이곳에 선교사로 부임해 현지 주민들과 함께 온갖 험한 일을 겪고 이겨나가며 이타적인 삶을 실천하느라 평생을 바친, 쉼 없이 일은 했으나 지상에 자기 소유의 집 한 칸 갖고 있지 않은 정도연 선교사, 그가 바로 진정한 이 시대의 선한 사마리아인이 아닐까 생각해 보면서 시인의 시편들을 살펴보기로 한다.

1. 메콩강에 그어진 금

맑지 않아도/ 오염되지 않아/ 생명을 품고 흐르고 (중략) 사파이어 빛 하늘에서 별을 따/ 눈이 시린 하얀 눈 위를 미끄러지듯 굴러/ 이 땅 입구에 성숙해(星宿海)를 뿌리고/ 이천여 킬로 굽이굽이 생명을 심고 가꾸다/ 황혼에야 황금빛 물결로 내 가슴,/ 황금의 삼각지에 이르렀다
―「내 사랑 메콩강」 부분

메콩강은 티베트의 고원에서부터 발원하여 인도차이나반도까지 길게 뻗은 강이다. 중국과 동남아를 합쳐 자그마치 여섯 나라에 걸쳐있는 거대한 강으로, 라오스, 태국, 중국, 캄보디아, 베트남, 미얀마 순으로 유역 면적을 나눠서 가지고 있다. 흔히 알려진 '메콩강'이라는 이름의 유래는 메남콩강으로 '메남'은 '강'을 뜻하고, '콩'은 '메콩강'을 가리키는 고유명사라고 한다. '메남'을 한 층 더 분석하자면 남은 물, '메'는 어머니를 뜻하는데 직역하자면 '물의 어머니'라는 뜻으로 태국어에서 강을 가리킨다고 한다. 메콩강은 메콩강을 매개로 살아가는 현지인들에게 어머니 품과 같은 역할을 하고 있다. '생명을 품고 흐르'는 메콩강은 '이천여 킬로 굽이굽이 생명을 심고 가꾸'는 것이 선교사의 임무이므로 시인에게 생명을 돌보며 살아가면 어떻겠냐

고 온몸으로 보여주는 듯하다. '황금빛 물결로' 무르익은 메콩강 물결이 시인의 가슴 '황금의 삼각지'에 이르러 마치 이타적인 삶을 사는 것이 시인의 운명인 것처럼 멈춰 있다.

 태초에 메콩은/ 공작의 깃만큼/ 윤기 나고 고왔다/ 영토전쟁이 한창이던/ 서구제국주의 시대에는/ 어두운 노예 색이었다/ 그 어둠 걷히자/ 이념의 핏빛이/ 티베트부터 베트남 앞/ 남중국해까지 뻗쳤다/ 총칼이 떠난 뒤엔/ 양귀비의 화려함에 취해/ 문명과 함께 찾아온 황금을 사랑했다/ 이제/ 얼굴이 누렇게 뜬 어미가/ 배만 튀어나온 새끼들에게/ 빈 젖꼭지 물리고 있다
             -「메콩의 색」 전문

 타이족(Thai族) 언어로 란창강(瀾滄江)에서 란(Laan)은 백만이고 창(Chang)은 코끼리를 의미한다. 백만 마리 코끼리의 강이란 이름처럼 란창강 주변에는 코끼리의 서식처가 많다. 그리고 공작새도 아주 많다고 한다. 타이족의 전통춤의 하나인 공작새 춤은 '공작의 깃만큼 윤기 나고' 화려하면서도 서정적이고 우아하면서도 서민적이라고 한다. 메콩강은 시대마다 색이 다르게 흘렀다. 서구 열강들에 의한 식민지 시대의 메콩강은 '노예 색으로 흐르고' 열강의 지배에서 벗어나자마자 메콩강 전체가 이념분쟁으로 들끓었을 때는 '이념의 핏빛'으로 흘렀다. 열국들의 전쟁이 이제 끝났나 했더

니, '양귀비 화려함에 취해' 그들이 검은돈을 사랑하게 되자 '얼굴이 누렇게 뜬' 강물이 되어 흘렀다. 중국의 무분별한 댐 건설로 인해 메콩강이 '배만 튀어나온 새끼들에게' 바짝 말라 '빈 젖꼭지만 물리고 있다' 메콩강을 토대로 사는 사람들에게 닥친 절대 빈곤을 해결하는 것이 현재 메콩강의 당면 과제라고 시인은 토로하고 있다.

 메콩강을 병들게 만든 양귀비는 인도를 거쳐 19세기 초 미얀마, 태국의 북부 골든 트라이앵글 산악지대에서 재배해 생산했고 소수민족의 생계에 주요 수입원으로 작용하기도 했다. 황금의 삼각지는 타이, 미얀마, 라오스 3국이 메콩강이 접하는 산악지대로 별명은 골든 트라이앵글이며 1980년대 중반 세계 유통량의 80퍼센트의 마약을 공급했다. 태국 정부는 최대의 마약지대라는 오명을 씻기 위해 이 지역에서 아편이나 모르핀의 원료인 양귀비의 경작을 금지하고 있지만, 라오스나 미얀마 쪽의 일부 고산족들 사이에서는 여전히 양귀비가 재배되고 있는 것으로 전해진다. 아프가니스탄, 파키스탄, 이란 국경 부근의 황금의 초승달 지대와 대등한 최대의 마약, 각성제 밀조지대였다. 태국 정부가 마약과의 전쟁을 선포하면서 이들에게 학교를 지어주고 지역의 교육 수준을 높이고 커피와 차등 수익성이 높은 작물을 재배할 수 있도록 지원하는 등 힘을 쏟

아부음으로 마약 산업에서 간신히 벗어날 수 있었다. 메콩강 주변의 인구는 2억 5천만으로 미국의 인구와 맞먹지만, 인구의 20퍼센트가 아직도 절대 빈곤에 허덕이고 있다.

　형은 붉은 깃발 아래 먼 행군 떠나고/ 동생은 국민당 푸른 별 깃발을 따라/ 굽이굽이 누강변을 지나 란창강을 건너 미얀마 밀림으로 숨었다/ 굶주림은 지천에 핀 양귀비로 채우고/ 언어도 통하지 않는 소수부족 소녀들의 품으로 그리움 달랬다/ 피로 맺은 약속 눈물로 등지고 대만으로 떠난 나라님/ 끝나지 않은 총성은 두려움조차 생존 본능으로 무장시켰다/ 후퇴 후퇴를 반복해 태국과 미얀마 국경/ 방어는 쉽고 점령은 어려운 메쌀렁 언덕에/ 진지 파고 대나무 막사 지어 어언 70년,/ 전사들의 신음 여전히 산천을 떠돌고/ 아들을 부르는 어머니의 한이 서린 언덕에/ 2월의 벚꽃 흐드러져/ 소년 소녀병 부모 밑에 자란 소년 소녀들/ 가슴에 사랑의 총소리 요란하다
　　　　　　　　　　　　－「메살렁 산장」 전문

　'형은 붉은 깃발 아래 먼 행군 떠나고/ 동생은 국민당 푸른 별 깃발을 따라/ 굽이굽이 누강변을 지나 란창강을 건너 미얀마 밀림으로 숨었다' 형제가 추구하는 가치관이 달라 가족의 붕괴로 이어지는 현상이다. 태국과 미얀마의 분쟁으로 형은 '붉은 깃발'을 따라가고 동생은 '푸른 깃발'을 따라갔다는 것은 피를 나눈 형제이지만 이념은 서로 다르다는 의미일 것이다. 우리

나라가 현재까지 그렇듯 메콩강 국경의 분쟁은 아직 진행 중이고 '전사들의 신음 여전히 산천을 떠돌고/ 아들을 부르는 어머니의 한이 서린 언덕에' 소년 소녀 병들의 부모 가슴은 총성만 요란하다고 시인의 안타까운 심정을 털어놓는다. 미얀마 동북부 란창강이 메콩강으로 이름을 바꾸는 지점은 미얀마가 군사독재로 소수민족을 강압적으로 지배하려던 곳이다. 강압적으로 이들을 지배하려고 할 때마다 소수민족의 리더들은 국민당 세력과 손을 잡고 살기 위한 투쟁을 이어나갔다. '진지 파고 대나무 막사 지어 어언 70년' 동안 메콩강의 분쟁은 이들 사회 삶의 문화처럼 돼 버렸다.

미얀마는 왕조 때부터 태국과 전쟁을 자주 치렀다. 양국 간의 관계는 미얀마가 영국의 식민지배를 받으면서 잠시 없어지다가 영국의 지배에서 벗어난 이후 당시 미얀마에 공산주의 정권이 들어섰고 태국은 군부독재하에서 반공 교육을 추진하고 있어서 정치적으로 갈등이 있었다. 이런 역사 속에 자란 기형적인 사회가 명라 제4특구이다. 슬픈 일은 이곳의 아이들은 가장 갖고 싶은 것이 권총이라고 한다. 어린이가 어린이로 크고 있지 않은 사회의 현실을 바라보는 시인의 심정을 이해할 수 있는 시편이다.

누군가는 밟고/ 누군가는 밟히며/ 남긴, 길/ 향기와 악취/ 기쁨과 슬픔/ 영광과 고독/ 生과 死/ 그 위에 선명한

생명의 흔적/ 희망은 밟고 절망은 밟히며/ 길이 되는 삶/ 길을 만들어 가는 인생
　　　　　　　　　　　　　　-「길」전문

태국의 샹그릴라에서 시인이 쓴 시편이다. 샹그릴라는 힐튼이 쓴 '잃어버린 지평선'이라는 작품에 나오는 가공의 장소이다. 쿤룬산맥의 서쪽 끝자락에 있는 숨겨진 장소에 소재하는 신비롭고 평화로운 계곡, 영원한 행복을 누릴 수 있고 외부로부터 단절된 히말라야의 유토피아로 묘사된 곳이기도 하다. 그래서 보통명사로 지상의 어딘가에 존재하는 천국을 가리키는 말로 쓰이기도 한다. 또한 티베트 불교에 전승되는 신비의 도시 '샹바라'에 기초하고 있기도 하다. 화자는 온갖 고통과 빈곤이 교차하는 지점에서 천국은 '누군가 밟고/ 누군가 밟히며/ 남길, 길'이라고 언급한다. 또한 '향기와 악취'가 '기쁨과 슬픔'이 '영광과 고독'이 '生과 死'가 교차하는 곳이 천국이라고 언급하고 있다. 눈앞에 닥친 세상을 스스로 만들어 가지 않으면 결코 천국은 오지 않을 것이라고 그것이 '길을 만들어 가는 인생'이라고 씁쓸한 어조로 읊조리고 있다.

내가/ 메콩을 이리 사랑하는 이유는/ 누런 속 살을/ 내게만 부끄러워하지 않기 때문입니다/ 내 사랑은 / 미끈하게 다듬어지지 않았어도/ 고고하고 고독하기에/ 유리처럼 투명합니다/ 그 사랑이 외롭지 않은 것은/ 내 사랑은 / 내

게만 외롭기 때문입니다/ 오직 하나이지만 우주이고/ 하나인 우주에/ 그의 향기는 천년을 피어납니다/ 내가 메콩을 이리 사랑하는 이유는/ 그가 나를 기다렸고/ 나는 그를 찾았기 때문입니다

-「메콩강 소년」 전문

   메콩강은 중국 칭하이성에서 발원하여 윈난성과 미얀마, 태국, 라오스, 캄보디아, 베트남을 거쳐 흐른다. 메콩강의 길이는 한강의 10배이며 면적은 20배가 넘는 매우 큰 강이다. 메콩은 태국어로 '가장 큰 강'이란 뜻이고 캄보디아에서는 '큰 강'이라는 뜻으로 돈레 돔이라고 한단다. 베트남에서는 '아홉 마리 용'이라는 뜻으로 콜론 강이라고 부르는데 이렇게 부르는 이유는 남중국해로 합류하기 전 하류에서 9개로 갈라지기 때문이라고 한다.

   시인은 소년의 눈으로 메콩강을 바라보고 서 있다. '누런 속 살을/ 내게만 부끄러워하지 않'는 것이 화자가 사랑하는 연인이기 때문에 가장 밑바닥까지 보여주는 것처럼 친근하게 표현하고 있다. 또한 그 사랑이 시인만을 향한 사랑이 아니라 '오직 하나이지만 우주이고/ 하나인 우주'이기에 모든 이의 사랑인 것을 인정해야 하므로 외롭다고 한다. 어머니는 자신에게 속한 모두를 잘 이끌어줘야 하므로 때로는 급류에 휘말리게도 하고 폭포에 내던져지게 하기도 하지만 따뜻하게 안아줘야 하는 게 숙명이듯이 메콩강의 '향기는 천년

을 피어난다'라고 시인은 언급하고 있다. 또한 어머니를 기다리는 소년처럼 '내가 메콩을 이리 사랑하는 이유는/ 그가 나를 기다렸고/ 나는 그를 찾았기 때문'이라고 언급한다.

2. 기독교인으로서의 메콩강 소년

태국과 미얀마의 국경에도 길이 있다. 자그마치 2천 km 이상 되는 긴 길이다. 그것도 육로와 바닷길, 심지어 실개천만 건너면 되는 그런 길도 있다. 이런 길을 통해 사람이 만나고 가족, 마을, 도시가 생겨난다.

> 흩어진 언어는/ 제 짝 찾기를 쉬고/ 이념과 황금/ 갈등과 경쟁을 멈추어 선/ 메싸이 국경의 아침,/ 이곳에 서면/ 사람이 보이고/ 꿈의 한 조각도 만난다
> —「국경의 아침」 전문

사람을 살리는 교회 공동체가 메콩강에 있는 국경에 세워진다. '흩어진 언어'를 모으려고 교회 공동체가 문을 열고 사역하는 선교사들이 모였다. 한국 선교사, 서양 선교사, 태국과 미얀마 목회자들이다. 이들은 태국 내 소수민족과 미얀마 이주자들을 위해, 교육 공동체를 세워 다양한 교육의 기회를 제공하고 동시에 주변 마을들에 교회를 개척해 가고 있다. '메싸이 국경의 아침,/ 이곳에 서면/ 사람이 보이고/ 꿈의 한 조각도

만나'려고 정도연 시인이 선교사로 자리하고 있는 것이다. 시인은 예루살렘에서 모든 곳을 향하는 신사도 행전의 역사를 써 내려가기를 멈추지 않고 있다.

> 몽족 마을 공터에서/ 한참 동안 닭싸움을 구경했다/ 돈 거는 사람 술판 벌이는 사람/ 응원하는 아이들/ 지나가던 사람도 쪼그려 앉았다/ 한 놈이 큰소리를 지르며 돌진하자/ 한 놈이 기세 좋게 치고 빠진다/ 목덜미가 꽃처럼 벌어지고/ 두 놈의 날개가 공중에서 푸르르 운다/ 마침내 주둥이를 땅에 처박는 놈/ '꼭, 나 같네….' / 한숨 쉬며 돌아섰다/ 우리는 진리를 위해 이렇게 싸울까/ 의미 없는 갈등, 다툼/ 변명 속에 숨긴 자존심/ 수탉 같은 놈 만나면/ 수탉처럼 싸우는 수탉 닮은 세상/ 닭싸움은 언제나 끝이 나려나
>
> ―「닭싸움」 전문

시인이 마을을 지나가다 닭싸움하는 광경을 목격한 모양이다. '몽족 마을 공터에서/ 한참 동안 닭싸움을 구경했다/ 돈 거는 사람 술판 벌이는 사람/ 응원하는 아이들/ 지나가던 사람도 쪼그려 앉았다' 거기에서 시인은 닭들의 치열한 싸움 속으로 들어가서 닭이 된다. 태국은 전 인구가 불교도라고 해도 과언이 아니다. 그곳에서 예수님의 복음을 전파하려니 우리가 직접 눈으로 보지 않았어도 얼마나 치열하게 살았을지 그 과정이 생생하게 그려진다. '한 놈이 큰소리를 지르며 돌진하자/ 한 놈이 기세 좋게 치고 빠진다/ 목덜미가 꽃처

럼 벌어지고/ 두 놈의 날개가 공중에서 푸르르 운다/ 마침내 주둥이를 땅에 처박는 놈/ '꼭, 나 같네….''
수 세기에 걸친 오랜 시간 동안 불교나 힌두교와 같은 종교들의 영향력 아래 살아왔던 태국에서 불교적인 생각들과 치열하게 경쟁하였을 것이다. 또한 제대로 된 신학훈련 없이 형식적인 몇 차례의 세미나 참석만으로 교회의 사역자로 세워지는 경우가 많았다는데, 여기에서 오는 내부적인 갈등을 이겨내느라 힘들었을 것이다. 잠시도 빈틈을 보이지 않으려고 때로는 소리치기도 하고, 싸움닭처럼 목덜미를 크게 부풀려 위협적으로 서보기도 하고, 절벽 끝으로 내몰리기도 하였을 것이다. 시인의 사역자로서의 번민이 느껴지는 시편이다.

누군가 그의 꿈 일부를/ 나에게 맡긴 자가 있다/ 누군가 그의 한 한 토막을/ 나의 손에 쥐여준 자가 있다/ 누군가 그의 기쁨에/ 나를 초대해 준 자가 있다/ 나는 이렇게 / 홀로 서 있지 않고/ 누군가와 함께 서 있다
-「누군가」 전문

시인은 사역자로서 이국의 강가에 서 있다. '그의 꿈 일부를' 실현해 주기 위해 서 있는 것이다. '그의 한 한 토막을/ 나의 손에 쥐여준' 누군가를 대신하여 선을 행하고 '그의 기쁨에' 초대하여 준 누군가와 함께 서 있다고 한다. 아마 시인은 매우 어려운 문제에

직면해 있을 것이다. 메콩강을 바라보며 어떻게든 어려움을 극복하려고 기도하고 또 기도하고 서 있을 것이다. 절대 혼자가 아닌 '누군가가 함께' 할 것이라고, 스스로 위로하면서 어떤 난관에 부딪혀도 굽히지 말고 이겨나가자고 다짐하고 또 다짐할 것이다.

> 희망과 절망이란/ 양면 날카로운 칼날 위에서/ 내 무게 중심을 어디에 둘까/ 본능적으로/ 절망 쪽에 기울어진 죄인이라/ 희망 쪽으로 선택은/ 강한 의지가 필요하다/ 기도가 그와 나를 지켜주는/ 오직 하나의 의지다
> ―「기도」 전문

신약 성경에 '내가 진실로 진실로 너희에게 이르노니 너희는 곡하고 애통하겠으나 세상은 기뻐하리라 너희는 근심하겠으나 너희 근심이 도리어 기쁨이 되리라'(요한복음 16:20)에서 볼 수 있듯이 일반적으로 희망이란 단어는 어떤 어려움이든 이겨나갈 힘을 우리에게 준다. 다른 사람에게서 부정적인 것보다는 긍정적인 것들을 보고 배우며 또한 좋은 것만 보려고 노력하는 삶이다. 반대로 절망이란 무엇인가? '본래의 자신을 잃어버린 상태'를 절망이라고 한다고 한다. 또한 키에르케고르는 절망을 '죽음에 이르는 병'이라고도 했다. 이것은 아버지로부터 "너희들은 34세 이전에 죽는다"라는 말을 듣고 절망했기 때문이라고 한다. 여기서 '본래의 자신을 잃어버린 상태'는 키에르케고르식으로

는 '신과의 바른 관계성을 잃어버린다'라는 의미일 것이다. 희망과 절망은 '양면의 날카로운 칼날'이라고 시인은 말한다. 그 양날의 칼날에서 '무게 중심을 어디에 둘'지에 대해 고민하고 있다. '본능적으로' 시인은 자신이 '절망 쪽에 기울어진 죄인'이라고 한다. 그렇다면 절망하는 것보다 희망을 갖는다는 것이 어렵다는 말일까? 「생각 칼럼」에서는 절망과 희망을 '하나 차이'라고 한다. 인생의 위기와 고난은 뚜렷한 기준이 없이 모든 사람에게 무작위로 발생할 수 있어 방패를 만드는 것이 쉽지 않고 예견할 수 없는 재난을 만날 때면 위기감은 극에 달한다고 한다.

위기 이론가들은 사람이 위기를 만나면 충격단계와 갈등 단계를 거쳐서 이성을 찾는다. 큰 충격을 당한 사람의 특징은 무감각해지고 결단력이 없으며 타인에게 신경을 못 쓰고 희망을 포기한다. 그리고 바람이 부는 대로 자신을 맡겨버리고 충동적으로 바뀌며 죽음에 대해 고민하기 시작한다. 반면 희망을 만드는 내면의 가장 중요한 요소는 '좋은 일이 생길 것'이라는 '믿음'이다. 믿으면 진짜 그렇게 된다. 희망은 어떠한 상황에서든 잠재적 가능성을 찾아낼 수 있으며, 위기 속에서 얼마든지 기회를 찾아낸다. 그러므로 정도연 시인이 말한 '기도가 그와 나를 지켜주는/ 오직 하나의 의지'라고 하는 것은 어쩌면 사역자로서 시인의 힘든 삶에서 스스로 터득한 지혜일지도 모른다.

살아남은 자/ 두려워 떨 때/ 전사의 활 그 구름 위에 피어오르며/ 들려주신 그분의 말씀/ 가라, 내가 네게 보여줄 땅으로/ 모두 다 보았지만/ 심판의 구름을 보는 자가 있고/ 약속의 무지개를 보는 자가 있네/ 모두 다 들었지만/ 천둥소리를 들은 자가 있고/ 사랑과 구원의 음성을 듣는 자가 있네
-「무지개」 부분

　다른 문명의 첨가물 없어도/ 복음이라는 양식에 겸손이라는 그릇 하나면/ 그 땅을 기름지게 하는/ 유기질 비료 될 수 있습니다/ 좋다는 온갖 문명으로 기름칠했어도/ 순수 복음이 없으면/ 독을 뿜어내는 산업폐기물 되어/ 그 땅을 오염시킬 뿐입니다
-「선교사」 부분

　종교인으로의 삶이란 무엇일까?「뱀파이어와 인터뷰」라는 소설을 쓴 미국의 작가 앤 라이스는 종교적인 서적을 쓰는 베스트 작가로서 전 세계 독자로부터 사랑을 받고 있다. 인터넷상의 위키페디아는 앤 라이스를 가리켜 '1억 부 이상 저서가 판매된 현대역사상 가장 유명한 작가 중의 한 사람이다.'라고 하였다. 그녀가 더 유명하게 된 데는 이유가 따로 있다. 그녀는 모태 신앙인이다. 그런데도 18세 되던 해 그녀는 더 이상 기독교인으로 남지 않겠다고 공개적으로 선언을 했다. 그 이후 무려 30여 년이나 무신론자로 살던 그녀는 50

세가 훨씬 넘는 시점에 신앙인으로 다시 돌아왔다. 신앙인으로 돌아온 그녀는 예수의 생애에 깊은 관심을 두고 베일에 가려진 예수의 유년기 시절을 소설로 썼다. 그랬던 그녀가 또 '나는 더 이상 기독교인으로 남지 않겠다.'라고 선언한 것이다. 그녀가 말하기를 '나는 내 인생의 중심을 주님에 대한 믿음 안에 두고 있다. 세상을 창조하시고 이끌어주시는 사랑의 하나님을 믿는다. 그렇지만 예수님을 따르는 것이 반드시 기독교를 따르는 것이라고 여기지 않는다. 기독교보다 예수님이 비교할 수 없을 만큼 중요하다. 이 사실은 변치 않을 것이다.'라고 하였다.

마하트마 간디는 기독교인을 향해 '당신들이 믿는 그리스도는 좋다. 그러나 기독교인들은 싫다. 당신들 기독교인들은 당신이 믿는 그리스도와 너무 다르다.'라고 하였다. 마하트마 간디가 만난 사람들은 대부분 기독교를 종교로 갖는 일본인이나 영국의 성공회 교인들이었다. 왜 그랬을까?

'복음이라는 양식에 겸손이라는 그릇 하나면/ 그 땅을 기름지게 하는/ 유기질 비료 될 수 있'다고 한다. 또한 '살아남은 자/ 두려워 떨 때/ 전사의 활 그 구름 위에 피어오르며/ 들려주신 그분의 말씀/ 가라, 내가 네게 보여줄 땅으로'

성경이 전해주는 모습과 기독교인들의 모습이 다르다는 것은 믿음이 눈에 보인다는 것을 의미할 것이다.

또한 믿음은 눈에 보이는 것이라는 것을 일깨워주는 것이다. 왜냐하면 어떤 사람의 마음속에 참된 기쁨이 깃들어지면 어떤 형태로든 표현하게 되어 상대방이 금방 알아차리게 되기 때문이다. 정도연 시인은 선교사라고 하는 것은 '순수 복음이 없으면/ 독을 뿜어내는 산업폐기물 되어/ 그 땅을 오염시킬 뿐입니다'라고 언급한다.

 선교사업만큼 믿음으로 해야 하는 일은 드물다고 들었다. 모든 일을 믿음으로 해야 하지만 특별히 선교의 일은 믿음 없이는 하기 어렵다고들 한다. 그 믿음이란 하나님이 하시는 일을 믿는다는 것이다. 아울러 믿음으로 행동하는 것이다. 특히 선교사는 믿음의 원리 가운데 살아야 한다. 믿음이 있는 사람들의 태도는 믿음이 없는 사람과 달라야 한다고 시인은 또한 '모두 다 들었지만/ 천둥 소리를 들은 자가 있고/ 사랑과 구원의 음성을 듣는 자가 있' 다고 언급한다.

 지금까지 정도연 시인의 작품들을 살펴보았다. 그는 보통 사람 이상으로 세상을 살아 낸 사람이다. 이국의 돌밭을 뒹굴며 선한 사마리아인처럼 선행을 베풀기도 했을 것이고, 때로는 나약한 이국인들을 위해 꾸짖기도 했을 것이다. 그렇게 선교사로 복음을 전파한다는 것이 여간 힘든 일이 아닐진대 육십이 다 된 나이임에도 그는 아직도 그 역할을 수행 중이다.

어쩌다 한국에 들어와도 몸 한번 편안히 누일 그 흔한 벽돌집 한 채 갖고 있지 않다. 그 어려운 중에서도 시인은 시창작을 열심히 하고 있다. 시의 이미지 속으로 이국의 하늘을 불러들이고, 메콩강 소수민족의 마음을 불러들이고 누런 황톳빛 강물을 불러들인다. 또한 그곳에서 소수민족과 함께 알찬 선교사의 삶을 엮어 나가고 있다. 코로나19 시국으로 인한 어려운 가운데서도 두 번째 시집을 출간하게 된 정도연 시인의 끝없는 열정에 힘찬 박수를 보낸다.

내 사랑 메콩강

찍은날　2021년 3월 5일
펴낸날　2021년 3월 10일
지은이　정도연
펴낸이　박몽구
펴낸곳　도서출판 시와문화
주　소　(13955) 경기 안양시 동안구 경수대로883번길 33,
　　　　103동 204호(비산동, 꿈에그린아파트)
전　화　(031)452-4992
E-mail　poetpak@naver.com
등록번호　제2007-000005호(2007년 2월 13일)

ISBN　978-89-94833-67-5(03810)

정　가　12,000원